SÉPHORA ROCHE

LANMOU SÉ SA KI PLI BEL

L'amour, c'est ce qu'il y a de plus beau

FSC
www.fsc.org
MIXTE
Papier issu
de sources
responsables
Paper from
responsible sources
FSC® C105338

LANMOU SÉ SA KI PLI BEL

Édition : BoD - Books on Demand, info@bod.fr

Impression : BoD – Books on Demand, In de Tarpen 42, Norderstedt, Allemagne

Couverture : Louanne Braquin

Impression à la demande

ISBN : 978-2-3225-4067-9

Dépôt légal : Juin 2024

À la femme que je deviens

LANMOU SÉ SA KI PLI BEL

Je débuterai ce livre par une anecdote.

En Guadeloupe, il y a une expression que nous utilisons pour expliquer le fait de répondre usuellement « oui » à la question « est-ce que ça va ? ». C'est l'expression « oui pani poukwa » qui veut littéralement dire : « Oui ne possède pas de pourquoi ». Lorsque nous répondons « oui » à cette question, nous évitons habilement toute autre forme d'interrogation. Il ne paraît pas cohérent de demander à une personne pourquoi elle se sent bien, car elle le ressent tout simplement. L'amour revêt ce même caractère. Nous le connaissons puisque nous l'avons embrassé, éprouvé ; sans quoi, il nous échapperait. Chacun de nous perçoit l'amour à sa manière, selon ses expériences personnelles. Et je pense sincèrement qu'il y a une part de vérité dans toutes nos descriptions. Ainsi, tenter d'énoncer une définition universelle semble déplacé, voire inapproprié, car cela reviendrait à lui imposer des limites et à restreindre sa nature infiniment variée.

Alors de quoi parlerai-je ? De toi et moi. De ces conduites néfastes, pourtant coutumières, qui sont à l'origine de bien des difficultés relationnelles. S'il y a bien une chose que ma licence en psychologie m'a démontré, c'est que notre singularité ne peut se soustraire au commun des mortels. L'amour se construit en parcours, et la relation révèle la capacité de deux êtres à progresser conjointement.

La rencontre

Certaines rencontres semblent nous définir plus que d'autres. Au début, tout paraît anodin, léger, voire convenu. Puis, quelque chose que nous n'avons pas choisi se produit et nous prend par surprise. Rien de plus étonnant en effet, de plus gênant parfois, et de plus perturbant que ce sentiment de familiarité qui conteste toute différence. Cet « autre », cette personne qui diffère pourtant de nous à tous égards, avec son histoire unique et son point de vue distinct, heurte notre route, lui offrant ainsi plusieurs horizons. Tout se passe comme si la rencontre de l'autre sublimait notre vécu, lui donnant une suite logique ou une raison valable. La présence d'autrui nous va si bien que l'on en vient à se demander à quoi se résumerait notre vie sans elle. Rare sont ces existences qui nous fascinent. Au cours de notre vie, nous croisons le chemin de nombreuses personnes, mais seules celles qui nous touchent véritablement retiennent notre attention. Nous sommes en quelque sorte faits de rencontres, façonnés par ces relations qui nous ont troublés, enjoués et blessés. L'histoire de nos précédentes rencontres s'entremêle souvent dans nos relations amoureuses, créant ainsi un sentiment de familiarité comme une similarité ou un air de déjà-vu.

L'un des comportements susceptibles de causer des difficultés relationnelles se manifeste au moment même de la rencontre. Tout se passe comme si nous cherchions à reconnaître l'autre plutôt qu'à sincèrement faire sa connaissance. Nous ne chérissons pas véritablement l'idée de découvrir ce qui est agencé autour de lui, son monde et ce qui le relie. Dépourvu de toute curiosité et de surprise, nous ne sommes pas dans un état propice pour faire connaissance. À l'évidence, faire une rencontre suppose d'être dans une position de *non-savoir*, d'accueil. C'est avoir conscience que cela prendra du temps et que l'on ne sait jamais précisément ce que l'on trouvera. Rencontrer une personne, c'est découvrir l'inconnu en faisant l'expérience de la différence : être touché par sa façon intime de percevoir les choses et de regarder ce qui l'entoure. Nous sommes alors troublés car l'autre nous étonne. C'est au cœur de ces instants à parler et à rire que nous découvrons l'essence de la rencontre. Ces moments nous invitent à aller au-delà du sentiment de familiarité, en dépit des apparences. Il y a une étrange sensation d'évidence qui émane de la rencontre, essentiellement quand avec autrui tout semble aisé. Alors, l'impression de déjà-vu ou, plus précisément, de déjà-connu augmente. Nous échangeons depuis peu, pourtant la compréhension est mutuelle ; je me réconcilie avec cette partie lointaine de moi-même. La conversation est fluide et ne nécessite aucun calcul. Je ressens un lien bouleversant de proximité, presque de similarité entre nous. Je suis alors en confiance. Je te reconnais au sens où je me retrouve en toi. Je renoue avec quelque chose que j'apprécie, un souvenir éloigné, une sensation déjà connue. Voilà qui est pour le moins déconcertant : comment peut-on faire connaissance si j'ai déjà la sensation de te connaître ? Tout laisse supposer que le sentiment de familiarité dépeint autrui comme un terrain conquis, un objet qui ne suscite plus aucun désir. Dès lors, nous délaissons la conscience de l'autre, niant sa particularité et sa différence. Nous le réduisons à ce qu'il n'est pas ; c'est-à-dire que nous le diminuons au reflet de notre propre volonté. Prendre le temps d'apprécier autrui pour ce qu'il est réellement, c'est embrasser sa différence, ce qui suppose nier le semblable, l'identique. Nous sommes, certes, amusés par les mêmes absurdités et exaspérés par les mêmes comportements, mais nous demeurons deux êtres singuliers. Plus tard, lorsque la rencontre aura porté ses fruits, nous risquons — si nous rejetons la différence de l'autre — d'être en relation avec quelqu'un de méconnu. Nous nous souviendrons avec émotion de l'enthousiasme du début, de l'excitation initiale en réalisant qu'aujourd'hui, il y a quelque chose de différent. Bien sûr, nous sommes tous voués à évoluer et à grandir. Toutefois, j'aime penser qu'il est impossible pour une personne de changer catégoriquement. Elle devient un peu plus aujourd'hui, ce qu'elle a été hier. En revanche, quand il s'agit de cet autre devenu mon amour, mon ami et mon partenaire, alors je sais qu'il y a simplement chez lui quelque chose qui m'a échappé, que je n'ai pas su déceler. L'impression de reconnaissance au moment de la rencontre conduit à avoir une image faussée de l'autre. Généralement, cette image se construit d'après nos vœux pour la relation. Par exemple, lorsque nous désirons un partenaire empreint de tendresse, il n'est pas rare que nous percevions ce trait de personnalité de manière amplifiée chez la personne à peine rencontrée. Cela se produit parfois même quand on observe ce trait alors qu'en réalité, il n'est pas manifeste. Nous voyons autrui à travers le seul prisme de nos fantasmes, écartant ainsi sa propre réalité. Malheureusement, il arrive fréquemment que nous demeurions à ce stade élémentaire de la rencontre, à l'illusion de familiarité de départ. Tout se passe comme si nous ne pouvions être en relation qu'avec ce qui est familier, connu ou identique. Nous pouvons constater à ce propos que, nous prenons plaisir à énumérer les points communs que nous avons remarqués avec l'autre, comme si ces derniers conféraient à la relation amoureuse un caractère inébranlable. Pour s'aimer et se faire confiance, il faut se connaître l'un l'autre. La curiosité pour l'autre est l'un des éléments qui maintient la relation amoureuse équilibrée. Elle permet de considérer – en permanence – l'être aimé tel un pays à conquérir, un monde considérable dont nous ne ferons probablement jamais le tour.

Nous ne pouvons créer de souvenir sans y associer une émotion ou un sentiment. L'affect est ce qui informe sur la manière dont a été vécu l'instant. Parfois, le simple fait de se remémorer une situation peut nous conduire à y être de nouveau, revêtant la même disposition physique et psychique. Avec l'autre, nous pouvons mobiliser l'histoire de nos précédentes rencontres ; ces moments qui nous ont établis en tant que sujet. Nous marquons nos relations amoureuses d'empreintes affectives, d'éléments de relations déjà vécus. Lorsque l'autre agit, nous nous référons à ce que nous connaissons, à nos expériences passées pour réagir de la façon que nous jugeons la plus adaptée, en fonction de l'intention que nous attribuons à l'action d'autrui. Par conséquent, nous établissons une modalité d'interaction avec autrui qui repose sur l'anticipation et, plus encore, l'attribution de causes à ses comportements. Les circonstances, l'attitude et les comportements de l'autre induisent une suggestion particulière ; c'est-à-dire une formule de réponse. Cette modalité d'interaction apparaît comme nuisible pour la relation amoureuse, car nous interagissons non plus avec l'être aimé, mais avec un type de relation rencontré par le passé.

Le véritable objectif de la rencontre va être de tenter de parvenir à la réalité complète de l'autre. C'est un défi qui semble à portée de main étant donné que nous avons une communication et une complicité simple, presque enfantine, avec autrui. Le lien entre deux personnes est aisé lorsqu'il est arrosé de sincérité et de divertissements. Pour autant, il ne témoigne pas d'un accès complet au secret, à l'intimité, à ce qui relève de l'essence même. C'est pour cela que prétendre connaître foncièrement une personne semble audacieux, voire incongru. Et puis, la recherche en *science intime* est vaine. En effet, comment pourrais-je comprendre ton monde interne alors que le mien m'échappe constamment ? Nous abritons tous deux courage et peur ; parfois, amour et indifférence. Alors, comment pourrais-je prétendre connaître tout de toi sans te restreindre précisément à mes attentes ? Je sais que je t'ai accueilli à bras ouvert, car j'ai entendu tes faiblesses et vu tes forces. Je ne t'ai pas pris pour ce que tu n'étais pas, respectant notre différence. Maintenant, je me vois apprécier notre relation enrichie par nos deux mondes.

*Les ennuis viennent quand l'autre n'est que
superflu, quand tout devient super flou.*

Les maux d'amour

Nous connaissons ce qui est semblable à nous. A l'inverse, ce qui nous est extérieur annonce un monde différent de nous et, plus encore, indifférent à notre égard. L'indifférence renvoie au non-être, à l'inexistence. C'est une situation pénible, inconcevable. Dès lors, nait une appréhension du point de vue de l'autre qui apparaît comme intolérable, insupportable car la différence renverrait à une rupture dans la relation. Les maux d'amour sont d'abord fondés sur notre difficulté à reconnaître autrui comme une autre entité. Tout laisse supposer qu'admettre sa différence reviendrait à déclarer son indépendance.

Nous l'avons vu précédemment. Le sentiment amoureux nous conduit à être dans un état de fusion ou du moins de tenter d'y parvenir. Tout se passe comme si la seule manière d'établir un lien avec autrui consistait en une harmonie de mots, de gestes et de pensées. S'ensuit dès lors un fonctionnement fondé sur l'appropriation de l'autre qui découle de la manière dont nous pensons devoir aimer. Oui, l'amour du *tout ou rien* dans lequel l'opposition et la différence n'y ont pas de place. L'amour nécessiterait, selon nous, d'être dans le semblable, la fusion car le contraire reviendrait à ne pas avoir de relation. L'autre doit nécessairement répondre à nos besoins et satisfactions personnelles. Il ne peut pas exister en dehors de nous, car la différence révèle l'inexistence, soit le manque d'amour. Un tel mode de pensée apparaît comme évidemment nuisible ; et par conséquent, engendrerait des difficultés relationnelles. Pourtant, ce besoin de faire corps est presque inaliénable dans la relation et, plus encore, dans la relation amoureuse.

Les maux d'amour apparaissent dès lors que nous tentons de posséder l'autre. Tout laisse supposer que l'appartenance, l'affiliation à l'autre contribue à créer la relation, sans quoi, elle serait utopique donc vaine. Nous savons maintenant qu'il paraît difficile dans la relation amoureuse de tolérer la différence. Pour peu que l'autre essaie d'exister par lui-même, nous sommes indignés, et dans le but de ne pas perdre une partie de nous-mêmes, nous essayons de rétablir la fusion.

Aimer autrui non pas comme un besoin. Derrière la nécessité de faire corps se cache un vœu d'existence. Tout se passe comme si autrui était le prolongement de notre être. Grâce à lui, nos désirs prennent vie, demeurent en lui et, plus encore, deviennent lui. Cette conception fusionnelle de la relation amoureuse peut parfois être efficace. En effet, lorsque la vie semble nous tester : notre voiture qui peine à démarrer, la photocopieuse du travail qui rame ou bien la connexion internet qui plante, il paraît tout à fait naturel de dépeindre nos états d'âme à notre partenaire. À cet égard, autrui nous consent, au travers d'écoutes et de considérations, un sentiment d'existence. Une telle disposition mentale a une fonction réconfortante. Tout laisse supposer qu'autrui représente un espace sécurisant, ce qui revient d'une certaine façon à nous rassurer sur le fait que nous ne sommes pas *insignifiants*.

En revanche, il n'est pas rare de voir que nous attribuons à l'autre un *rôle méta*. De manière générale, le préfixe « méta » désigne le fait d'aller au-delà. Par exemple, une métaconnaissance indique une connaissance sur des connaissances. La métacognition, quant à elle, marque une connaissance personnelle d'un individu sur ses capacités et fonctionnements cognitifs. Nous comprenons, par ces définitions, que tout mot précédé par ce préfixe suggère une notion de supériorité. Il faut d'ailleurs situer la préposition « sur » qui signifie « au-dessus de ». Ainsi, au-delà de l'attribution d'un *rôle méta*, c'est également un rapport de dominant-dominé qui se forme. Il ne s'agit pas ici de rapports tyranniques, mais de relations déséquilibrées. C'est ce qui pourrait en partie expliquer cette disposition à croire qu'autrui dispose de connaissances sur notre propre réalité. À ce propos, lorsque le *rôle méta* est avéré, il peut s'étendre, évoluer en une omniscience – toujours supposée – de nos états internes. Nous pouvons observer l'expression du *rôle méta* au milieu de la relation patient-psychologue. Bien souvent, le patient prête au professionnel son savoir, lui attribuant alors une place de dominant. Le psychologue devient celui qui *sait* et, plus encore, celui qui *sait tout à son sujet*. Nous faisons l'hypothèse que l'élévation du psychologue au statut d'omniscience est suscitée par l'empathie qu'il témoigne à son patient. Dans les croyances populaires, l'empathie est décrite comme la capacité de s'identifier à autrui, de se mettre à sa place et de percevoir ce qu'il ressent. Dès lors, nous acceptons l'idée qu'en témoignant de l'empathie, autrui fait corps avec nous dans la mesure où il éprouve également nos souffrances. Les frontières de la singularité sont alors écroulées. Or, il faut rappeler que l'empathie consiste, en réalité, à se représenter les états affectifs de l'autre sans pour autant les ressentir. Ce qui suppose pouvoir se distancier de ce que vit l'autre. *J'entends ta souffrance et je reconnais qu'elle n'est pas la mienne.* Cette parenthèse nous permet de questionner le *rôle méta* dans la relation amoureuse. Tout laisse supposer que notre besoin de faire corps nous pousse à aspirer à une union de nos états affectifs. Le fait d'être pris en considération par l'autre correspondrait à un accès privilégié à notre *moi.* L'autre éprouverait nos émotions, sentiments et pensées puisqu'il est en nous ; c'est-à-dire dans notre peau. Cela nous amène à avoir des attentes envers lui. Nous pensons, sans cesse, qu'il est capable de nous entendre, et ceci même lorsque nous ne disons mot. Dès lors, nous acceptons l'idée, du fait de la complicité, que l'autre a la capacité de savoir à quoi nous pensons et, plus encore, comment nous réagirions face à telle ou telle situation. Ceci est d'autant plus vrai que nous ressentons de la frustration lorsque l'autre ne parvient pas à savoir, ou plus exactement, à deviner nos sentiments. Cette situation traduit, à la fois, de l'égoïsme et un manque de considération, car ne pas reconnaître nos émotions reviendrait à ne plus être en liaison donc à ne plus nous aimer. Nous l'avons vu plus haut, ce qui existe en dehors de nous est un monde qui ne nous a pas connu, et qui, par conséquent, est

indifférent à notre égard.

Depuis notre naissance, nous avons fait de multiples expériences — bonnes comme mauvaises — qui nous ont permis de former un bagage de connaissances sur le monde. L'apprentissage, et plus encore le rapport au monde, est centré sur notre propre personne. C'est pourquoi nous parlerons ici d'apprentissage égocentré. Ce mode d'apprentissage commence dès les premières années de vie et s'étant généralement jusqu'à la préadolescence. Durant cette période, notre *moi* est placé au centre de toute chose. Il est selon nous une référence certaine, incontestable. Il paraît raisonnable de s'en remettre à lui pour prendre une décision ou juger les actions des autres : « Moi, j'aurais fait comme si ». Dès lors, notre point de vue fait office de loi dont nous pouvons difficilement nous soustraire. La mise en perspective et le fait de songer au point de vue de l'autre semble également laborieux à cette période. Le sur-investissement du *moi* est un narcissisme qui se traduit par le fait d'interpréter toute chose avec sa propre perspective, de ramener en quelque sorte tout à soi. Pourtant, aujourd'hui, nous sommes des adultes cérébrés, conscients de ne pas être le *nombril du monde*. Alors pourquoi avons-nous souvent du mal à voir plus loin que le *bout de notre nez* ? Serait-ce parce que nous avons stagné dans notre développement ?

Certainement pas. Cette façon primaire d'appréhender le monde a été étudiée à maintes reprises, notamment par Jean Piaget avec sa théorie sur le développement cognitif. Mais alors nous ? En quoi cela nous intéresse-t-il ? Eh bien, être dans une relation amoureuse suppose de se laisser toucher par la singularité de l'autre, d'accueillir sa vision personnelle du monde afin d'élargir la nôtre. C'est voir le monde non pas seulement à travers nos propres yeux, mais également à travers les siens.

Nous savons que nous sommes véritablement en relation dès lors que, même en son absence, nous considérons, nous aussi, les choses de la même manière que l'autre. D'ordinaire, je n'aurais pas prêté attention à tous ces éléments, car pour moi ce sont de petits détails, des banalités. Mais toi, tu sembles de toute évidence apprécier leur importance. Alors, je me vois les prendre en compte à mon tour. Je n'irai pas jusqu'à dire que je les estime autant que toi. En revanche, je dois reconnaître qu'ils ne passent plus inaperçus. Depuis que nos chemins se sont croisés, je te vois dans chacun des regards que je pose sur le monde. Non pas que j'ai délaissé mon point de vue, empreinte de ma singularité. Simplement, j'ai abandonné l'idée qu'il n'existe qu'une seule manière de le percevoir. Désormais, je contemple les choses également à travers tes yeux. Ainsi, quand j'écoute une musique, j'entends les paroles que tu aurais chéries ou au contraire rejetées. Quand le couple fait face à un désaccord, nous pouvons constater à travers leurs paroles si leur pensée demeure centrée sur eux-mêmes, et même, s'ils leur est possible de dépasser le sur-investissement du *moi*. Dans la relation amoureuse, il est essentiel d'aller au-delà de l'égocentrisme qui nous incite à suranalyser les actions de l'autre. Certes, nous avons acquis une compréhension du monde à travers nos expériences personnelles ; c'est-à-dire à partir de nous-mêmes. Ainsi, il est quasiment impossible d'entendre la souffrance de quelqu'un sans qu'elle nous renvoie à la nôtre. En revanche, nous oublions souvent que les autres ont également vécu leurs propres expériences. De fait, nous n'arrivons pas tous aux mêmes conclusions. L'idée, lors d'un conflit, n'est pas de déterminer qui a raison sur la situation, mais plutôt d'accepter et de considérer la réalité de chacun, ce qui suggère de ne pas rester dans l'apparence et sur ce que l'on connaît.

De nombreux malentendus ont eu lieu, car nous sommes restés fidèles à la raison que nous avons attribuée derrière l'action de l'autre. C'est ainsi que nous négligeons les bienfaits d'une conversation bienveillante, car, pour nous, notre pensée représente assurément la seule vérité, l'unique explication aux attitudes d'autrui. D'où tire-t-on cette audace si ce n'est de notre narcissisme ? Comment se fait-il que nous soyons si confiants dans notre capacité à interpréter les intentions d'autrui ? C'est en accédant à la réalité de l'autre que nous sommes en mesure de saisir ses agissements. Pourtant, cet accès privilégié est accessible uniquement au travers de discussions authentiques. Quand nous exprimons nos ressentis à la suite des paroles ou actions de l'autre, nous ouvrons la voie à une compréhension mutuelle. Une même situation peut être vécue, et plus encore, comprise différemment, car elle est regardée par deux singularités distinctes. Finalement, ces échanges sincères permettent à nos deux univers intimes de coexister librement, sans blâmer l'autre pour sa vision différente ou sa sensibilité qui serait, selon nous, excessive.

« À la vie, à la mort »

L'amour fait mal parfois

La relation amoureuse détient une caractéristique particulière : elle peut nous renvoyer à nos premières modalités relationnelles, à la période où nous étions expressément dépendant de notre entourage. Cela nous amène à considérer la dyade mère-bébé. La relation entre la mère et son enfant est l'une des notions phares en psychologie. Il faut, à ce propos, rappeler que la psychologie est la science qui étudie les comportements humains. À ce titre, tout objet remplissant des fonctions essentielles au fonctionnement psychique de l'individu peut être pris en compte. Là encore, il s'agit de bâtir une réflexion sur la manifestation et la compréhension de comportements humains. La relation maternelle semble être l'élément de base du développement de l'individu. Elle est le fond sur lequel nous formons notre sentiment d'existence. C'est un contenant rassurant, un soutien qui nous permet d'élaborer notre *moi*. La capacité de la mère à prendre soin, aussi bien sur le plan physique que psychologique, va révéler l'aptitude de l'enfant à s'émanciper et à se développer de façon équilibrée. Tout se passe comme si nous étions nés dans une relation de dépendance et que l'objectif de la vie était de s'en retirer. Contrairement à d'autres mammifères, l'homme ne vient pas au monde en étant pourvu d'autonomie. C'est à ce prix que l'environnement prime.

Ainsi, nous dépendons de lui pour satisfaire nos besoins tels que l'alimentation et les soins d'hygiène. Notre évolution est avérée dès lors que nous nous affranchissons de cette relation de dépendance, nous offrant ainsi la capacité de faire des choix en toute liberté et, plus encore, de prendre en responsabilité. En ce qui concerne la relation amoureuse, il semble qu'elle déploie un niveau similaire de dépendance. Au-delà du sentiment de sécurité que notre partenaire nous procure, notre lien avec lui reflète une répétition de ces schémas relationnels primaires. Nous savons que le nourrisson perçoit sa mère comme l'extension de son propre corps, une continuité de son existence. Or, quand nous sommes en relation, nous ne percevons aucune différence avec l'autre. C'est parce que nous nous inscrivons toujours dans ce qu'il y a de semblable, dans ce qui constitue une affiliation, que nous dirons que cette conception de la relation amoureuse est appropriée. Pourtant, l'état de fusion avec l'autre implique sur le plan moral et psychique, une emprise totale, une hyper-dépendance. Or, à l'âge adulte, l'état de dépendance est vécu de façon désagréable, car il y a une ambivalence entre le désir de liberté et de réalisation d'une part, et l'aspiration à la connexion et à la possession d'autre part. La conception fusionnelle de la relation amoureuse est délétère, car ne pas se différencier de l'autre conduit à reproduire nos premières modalités relationnelles qui reposent, comme nous l'avons vu précédemment, sur une fusion totale avec l'autre. Une relation de cette nature ne s'entend qu'en termes d'exclusivité. La question du partage ne se pose pas, ni celle de la séparation puisque nous formons avec autrui une seule entité. Par conséquent, la rupture est vécue comme une destruction du *moi*, ce qui explique que la fin de la relation ne peut se produire qu'à travers la destruction de soi-même ou de l'autre. C'est bien parce que nous ne pouvons nous séparer de l'autre que nous prédisons notre destruction s'il nous quitte. Et c'est un autre leurre encore que dire : « s'il nous quitte, il ne s'en remettra pas ». Or, une personne qui ne voit dans la séparation qu'une destruction de l'autre ou d'elle-même, ne peut faire naître un amour sain. Une relation d'amour, c'est accepter l'indépendance de chacun. C'est accepter que l'autre puisse vivre sans nous et qu'il continuera à exister même si demain nos routes venaient à se séparer. Il s'agit d'aimer librement ; c'est-à-dire sans contrainte : la fin de la relation ne peut nous annihiler. C'est croire aussi que l'amour se construit en parcours, et que la loyauté envers autrui réside dans le choix et la volonté de surmonter les conflits. C'est dépasser la passion du début pour ne pas porter d'espoir dans une relation qui repose sur un amour romantique, éphémère et superficiel.

Quand on tombe amoureux, comment se relève-t-on ?

Les ruptures amoureuses n'ont rien de réjouissant. Elles se présentent à nous souvent en traite, détruisant toutes nos perspectives d'avenir, qu'elles soient individuelles ou liées à nos relations. À l'égard de ce désarroi, je dirais après Léonard Cohen : « Il y a une fissure dans toute chose ; c'est ainsi qu'entre la lumière. » La souffrance, source d'humilité et de sagesse humaine, révèle les vertus cachées de l'expérience. Il est important d'accueillir la douleur avec bienveillance et de prêter une oreille attentive à son enseignement.

Oui, mais alors quand on tombe amoureux, comment se relève-t-on ? À cela, je répondrai : « Qu'importe la fin. » Qu'importe la fin d'une relation si l'amour lui a donné un sens unique, un sens interdit.

Remerciements

Comment pourrais-je parler d'amour sans

faire mention de vous ?

À Maman, Papa et Malcolm

Du même auteure

- YO PA KA CHAYÉ DLO AN PANNYÉ